ZONES OF PAIN
LAS ZONAS DEL DOLOR

Marjorie Agosin

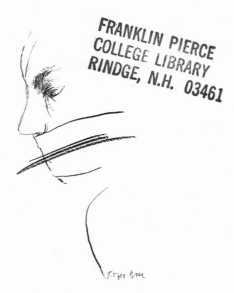

Translated by Cola Franzen

Introduction by Robert Pring-Mill
Drawings by Roser Bru
Cover photograph by Emma Sepúlveda

WHITE PINE PRESS

ISBN 0-934834-38-5

Acknowledgements
   The poems listed here have been published as follows: "La tortura"/"Tor-
ture" and "Memorial de las locas en la Plaza de Mayo"/"Remembering the Mad-
women of the Plaza de Mayo" in *Mundus Artium;* "Tras el alba"/"Beyond the
Dawn" in *Hanging Loose;* "Disappeared Woman III" and "The blood is a nest"
in *Visions International;* "Anne Frank and Us" is forthcoming in *Zone 2,* and
"Disappeared Woman I" and "The Captive Woman and the Light II" in *Pig Iron.*

This publication was made possible, in part, by grants from the New York State
Council on the Arts and Wellesley College.

Design by Watershed Design

WHITE PINE PRESS
76 Center Street
Fredonia, New York 14063

CONTENTS

INTRODUCTION

The almost hallucinatory poems of *Zones of Pain* are grounded in the grimness of real-life events in Chile (deaths, tortures, disappearances, dismemberments) but Marjorie ˙Agosin has known how to mediate gruesome reality through poetry in such a way as to move the reader far more deeply than could any mere catalog of horrors. I know no literary texts in which the fear of suffering and the elegiac celebration of the Chilean dead have been quite so disturbingly intertwined: distanced yet heartrendingly involved, these poems are the more frightening for their subtle exploration of an inner landscape which we know to be the world she has escaped. Suffused by the survivor's sense of guilt at her own safety, this poetry slides between exploitation and ambivalent allusion, hovers on the manic borderline between metaphor and stark reality, and quivers into nightmare. Its evocative power lies above all in the implicative depth of its 'modes of indirection', for "thus do we"—in Shakespeare's words—"by indirections find directions out." Marjorie Agosin's translator, Cola Franzen, faced a tough task and she has brought it off remarkably well, using the stark intensity of English monosyllables to achieve an effective equivalent for the kinds of impact which Spanish attains through a more sonorous verbal music. It will not be easy to forget either the English or the Spanish texts, nor the horrors they record. Nor yet their deeply feminine anguish.

Robert Pring-Mill
Oxford University

ZONES OF PAIN

A mi hijo que nunca pudo ver el cielo.
For my child who could never see the sky.

Prólogo

Las desaparecidas se deslizaron entre los sueños. Me vigilaban, a veces me despertaban acariciándome, más que nada me pedían que no las olvide. Así fueron creciendo estas Zonas del dolor. Ellas, las mujeres enterradas pero siempre vivas fabricaron las urdimbres de mis palabras que en la humildad de la impotencia buscaron claridades y voces.

Las zonas del dolor representan la travesía de las enterradas, como también la travesía de las madres buscadoras. Las zonas del dolor son nuestras, son oscuras, y a veces demasiado olvidadizas. Por eso yo las escribí, porque quise acompañar a mis hermanas muertas.

Prologue

The disappeared women slipped in among dreams. They would watch me, at times they would wake me up caressing me, more than anything else they would ask me not to forget them. That's how these Zones of Pain kept growing. The women buried but still alive wove the fabric of my words that in the humility of helplessness sought for clear places and voices.

The zones of pain represent the wandering of buried women and the wandering of searching mothers. The zones of pain are ours, are dark, and at times too easily slip the mind. For those reasons I wrote them down, because I wish to accompany my dead sisters.

Tras el alba

Tras el alba
envestida de niebla,
le preguntaron
¿por qué lloraba?
¿qué a quién buscaba?
—ella sólo les dijo
devuélvanme a mi
hija.

Beyond the dawn

Beyond the dawn
clothed in fog,
they asked her
why are you weeping?
whom are you seeking?
—she only said to them
give me back my
daughter.

LAS ZONAS DEL DOLOR I

Las zonas del dolor, inquietas, desplazadas
amasadas más allá del tiempo siniestro.
Como páramos o selvas calcinadas,
las zonas del dolor,
se asoman adoloridas, retrocediéndose en una charca de artificios
inútiles.

Las zonas del dolor
habitando el festín de los mancos.
Sobre las quebraduras,
el dolor tapiza heridas abiertas.
y entre las llamas de lo que no pudo
ser,
en los errores del azar,
las zonas del dolor
encuentran su litigio.

Adormecen al cuerpo desprendido de su carne,
al cuerpo encendido en sus propias navegaciones,

Las zonas del dolor,
se entristecen, cuando los sobrevivientes
ofrecen regazos para los muertos-malheridos.

ZONES OF PAIN I

The zones of pain, restless, scattered
massed beyond the sinister time.
Like barrens or burnt-over forests,
the zones of pain
rise up painfully, fall back into a puddle of useless
ruses.

The zones of pain
inhabit the banquet of the maimed.
Over the burns,
the pain covers open wounds.
and among the flames of what could not
be,
in the errors of chance,
the zones of pain
find their redress.

They put to sleep the body stripped of its flesh,
the body on fire sailing its own course,

The zones of pain
are saddened when survivors
offer solace to the dead-dying.

ZONAS DEL DOLOR II

El dolor, salvaje y preciso
sin cautela,
estalla sobre la arena del cuerpo,
brilla, acelerado, sobre las huellas
ardientes de mil hogueras.
Alguien juega con la miseria
de este cuerpo postrado,
de esta soledad entre
las piernas
que aullan.

II.
las venas adiestradas
lentamente se abren,
dejan que la vida atraviese
y las llagas del
alma crecen entre
las tinieblas.

El dolor salvaje y preciso
cruza el umbral de la
duermevela
ahora sueño entre
los delirios.

ZONES OF PAIN II

The pain, savage and exact
without guile,
explodes over the sands of the body,
glows, speeded over the burning
traces of a thousand bonfires.
Someone toys with the misery
of this prostrate body,
of this solitude between
the howling
legs.

II.
the obedient veins
open slowly,
let the life pass through
and the wounds of the
soul flourish in
the darkness.

The pain savage and exact
crosses the threshold of
half-sleep
now dream amid
the delirium.

LA MANO

Alguien herida,
transmutada
me toma de la mano,
y entre la sombra
tras los abismos
esa mano asegurándome las
cadencias de
la mía
me regresa al
rastro
de tus yemas que desordenamente
celebraban mi cabello.

II.
esas manos pertenecen al incierto paraíso
de un ajeno próximo a mi,
que me cuida sujetándome
de la mano,
así, suave, muy suave,
para que nadie nos delate en
ese gesto que cruza orillas
y habita cálido entre las memorias.

III.
En esta instancia
deshabitada,
alguien me toma de la mano
u sus caricias son los sollozos de
mi niño muerto
y sus yemas
el sueño de los
vivos.

THE HAND

Someone wounded,
transmuted
takes me by the hand,
and through the shadow
behind the chasms
their hand assures me of
the rhythms
of mine
brings me back to the
trace
of your fingertips that tousle and
celebrate my hair.

II.
those hands belong to an uncertain paradise
of a stranger next to me,
that cares for me holding me
by the hand,
like this, softly, very softly,
so that nobody may catch us in
that gesture that crosses borders
and dwells warm among the memories.

III.
In this emptied
instant,
someone takes me by the hand
and their caresses are the sobs of
my dead son
and their fingertips
the dream of the
living ones.

Lo más increíble

Lo más increíble
eran gente como nosotros
bien educados y finos.
Versados en las ciencias abstractas,
asistían al palco de las sinfonías
al dentista
a las escuelitas privadas
algunos jugaban al golf . . .

Sí, gente como Usted, como yo
padres de familia
abuelos
tíos y compadres.

Pero enloquecieron
se deleitaban en las quemas
de niños y libros
jugaban a decorar cementerios
compraban muebles de huesos mancos
comían orejitas y testículos.

Se figuraban ser invencibles
ceremoniosos ante el deber
y hablaban de la tortura
con palabras de médicos y carniceros.

Asesinaron a los jóvenes de mi país
y del tuyo.
ya nadie podría creer en Alicia tras los espejos
ya nadie podría pasearse por las avenidas
sin el terror calándose entre los huesos

Y lo más increíble
era gente
como Usted
como yo
sí, gente fina
como nosotros.

The most unbelievable part

The most unbelievable part,
they were people like us
good manners
well-educated and refined.
Versed in abstract sciences,
always took a box for the Symphony
made regular trips to the dentist
attended very nice prep schools
some played golf . . .

Yes, people like you, like me
family men
grandfathers
uncles and godfathers.

But they went crazy
delighted in burning
children and books
played at decorating cemeteries
bought furniture made of broken bones
dined on tender ears and testicles.

Thought they were invincible
meticulous in their duties
and spoke of torture
in the language of surgeons and butchers.

They assassinated the young of my country
and of yours.
now nobody could believe in Alice through the looking glass
now nobody could stroll along the avenues
without terror bursting through their bones

And the most unbelievable part
they were people
like you
like me
yes, nice people
just like us.

LA TORTURA
—Para Rosa Montero y para aquellos que le contaron sus historias

Lentemente, cautelosamente,
ardía mi paladar silenciado
mientras ya desnuda y
tan lejana
conspiraban para atrapar
mis pezones, pequeños alambres de espanto.
Sus manos pequeños, perdidas de escamas agrias
viajaban por esa lenta agonía, por su oscurecida
claridad entre mis piernas
y ellos, los ociosos verdugos
jadeaban mientras
la sangre de la luna
aullaba en las tablas
de un metal enfermizo,
me limpiaban la frente
para después verter las
desquiciadas palmas de mi historia
y entre el vacío del tiempo
entre los segundos del aire
una electricidad de lanzas y lágrimas
se desprendía como las hojas de un otoño de guerreros desquiciados
las uñas extendidas sobre el suelo en llamas y menses,
los dientes machacados por picanas y escupos traicioneros,
se desligaban de la orilla de mis labios
que comenzaban a dejar de ser palabra, verdad, luz,
ya era esa otra,
mientras mi cabello también se agrietaba, desteñida
entre las cenizas se dilataba como una flor mal parida
y desnuda los tenía que mirar
a cada uno de ellos,
tenía que confesarles
secretos que no poseía,
alojamientos inciertos
y ante cada silencio,
las mortajas negras como los brujos agrios

13

TORTURE

—For Rosa Montero and all those who told her their stories

Slowly and in secret
the roof of my silenced mouth burning
and I already naked and
so far away
conspiring to trap
my nipples, thin wires of terror.
Their small fingers, sloughed off scales of bitter wormwood
venture along that slow agony, through obscured
brightness between my legs
and they, the idle hangmen
pant while
the moon's blood
howls on the sickly metal surface,
they wipe my forehead
so that later they can empty the
scattered leaves of my story
and between gaps of time
seconds of air
electric spears and tears
explode like falling leaves of unhinged warriors
fingernails spread out over the floor in flames and menses,
teeth crushed by shocks and traitorous spittle
let go from the shore of my lips
now shorn of word, truth, light
now turned into something other,
even my hair splits, withers
among the ashes and fans out like doomed petals
naked I am forced to face
each one of them
to confess to them
secrets I never had,
uncertain living places
and before each silence,
black shrouds like those of mordant warlocks
coil round me to

me enrollaban para
comer la lengua que no tenía que contar,
para destripar esa lengua
que antes sabía de pájaros, luces, de cebollas
en un jardín
y otra vez la tormenta de hilos rojizos envolviéndome como un
hilo de mal agüero, en los cimientos de mis pies, en mis
pechos hundidos por el pavor de sus
terribles garras verdes.
Ahora estoy muerta,
me llamo Carmen, o María,
soy una mujer
en medio de este silencio,
en medio de mi desnudez,
como una piedra
encarcelada,
soy una muerta que pudo sobrevivir
pero no contó nada
nuevo
que perdió en unos instantes los olores, las lilas, el amarillo,
porque durmió junto a otros cuerpos defecando, muriéndose
de pena y no de miedo,
soy esa que estuvo vendada por un segundo, por un mes
y para siempre
atravesada por la
ceremonia eterna de la
tortura.

consume the tongue that had nothing to tell,
to strip the tongue
that once knew about birds, light and onions.
in a garden
and again the torment of glowing wires weaving me in
threads of ill omen, the soles of my feet, my
breasts shrunken by the terror of the
terrible green talons.
Now I am dead,
my name is Carmen, or Maria,
I am a woman
immersed in silence,
immersed in my nakedness,
an imprisoned
stone,
I am a dead woman who managed to survive
who told nothing
new
who in a matter of moments lost aromas, lilacs, yellow,
while sleeping next to other bodies defecating, dying
from pain and not from fear,
I am the woman who was blindfolded for a second, for a month
and forever
impaled by the
eternal ceremony of
torture.

EL DIOS DE LOS NIÑOS
—Para Elena Gascón-Vera

Mientras la desnudaban amarrándola
y con precisión de anfitriones y cirujanos
le preguntaron que en
que Dios creía
si en el de los moros o judíos
ella cabizbaja y tan lejana
repetía
yo creo en el Dios de los niños.

THE GOD OF CHILDREN
— For Elena Gascón-Vera

They undressed her and bound her
and speaking precisely as diplomats and surgeons
asked her
which God she believed in
that of the Moors or that of the Jews
head hanging and so far away
she kept saying
I believe in the God of children.

LA AMORDAZADA

Entre rendijas y amuletos,
sofocada por una brisa afilada,
la amordazada
pregunta
por esa mano
cercana al
epitafio.
por esa mano que
le trae un pan entre
los sollozos
y un agua anochecida.

La amordazada,
grita, con piedad
cuando esa mano
la golpea como si la
acariciara entre las maldades de la niebla
y esa mano de garza, cuchillo, o ave generosa
después de bofetadas y heridas,
la cubre de verdores y solitarios
epitafios.

THE SHROUDED WOMAN

Between slits and amulets,
suffocated by a whetted breeze
the shrouded woman
asks
for that hand
next to the
epitaph.
for that hand
that brings her bread among
sobs
and darkling water.

The shrouded woman
cries out, with compassion
when that hand
strikes her as if it were
caressing her among the evils of the fog
and that hand of thorn, knife, or generous bird
after the blows and wounds,
covers her with greenish and solitary
epitaphs.

ANA FRANK Y NOSOTRAS

I.
Como una cicatriz
atada a las
dolencias de
la noche,
Ana Frank
me visita con frecuencia.

II.
Lleva lazos de ausencias,
a veces, lleva
mirada de lluvia y algas
y sus ojos se
posan inquietos dentro
de los míos
para que mi mirada
la sobreviva, la cuente
o la haga.

III.
Me pregunta María del Carmen
si conozco a todos mis muertos,
se me acerca diáfana o diabólica,
yo no puedo prometerle regresos,
ni descubrirle su mirada desvelada,
su mirada de dagas e insomnios.

IV.
Sonia de las Mercedes
me visita con frecuencia
mientras como, sueño amo o bebo
hay un eco de la muerte entre nosotras,
hay un eco de la vida
entre nosotras.

ANNE FRANK AND US

I.
Like a scar
attached to
the aches of
nighttime,
Anne Frank
visits me often.

II.
She comes bringing loops of absences,
at times she brings
a glance of rain and seaweed
and her eyes
alight restively upon
my own
so that my glance
will survive her, tell her
or be her.

III.
María del Carmen asks me
if I know all my dead,
she comes near me diaphanous or diabolical
and I can't promise her returnings
nor can I discern her wakeful glance
her glance of daggers and sleeplessness.

IV.
Sonia de las Mercedes
often visits me
while I'm eating, dreaming, loving, or drinking
there's an echo of death between us,
there's an echo of life
between us.

V.
Cecilia Gabriela y yo
nos hemos hecho amigas
le cuento de mis sueños, las cenizas y las dichas de las palabras
Ella me sonríe acusándome piadosamente,
Ella me sonríe para que le devuelva una mirada
para que la mire una y otra vez
muerta bajo las alambres del espanto.
Pero viva en la mirada que la sobrevive.

VI.
María Cecilia me visita.
A tí también te visita
no podemos transfigurarla ni aniquilarla con
árboles muertos.

Ella es espléndida en su resplandor,
y en sus olores a muerte clausurada.

Ana Frank, María del Carmen, Sonia de las Mercedes,
Cecilia Gabriela, me despiertan en las noches
para pedirme
que no las olvide.

V.
Cecilia Gabriela and I
have become friends
I tell her my dreams, the ashes and happiness of words
She smiles at me, accusingly, compassionately,
She smiles at me so that I'll return her glance
keep looking at her again and again
dead beneath the wires of terror.
Alive in the glance that survives her.

VI.
María Cecilia visits me.
She visits you too
we cannot transfigure her or annihilate her with
dead trees.

She is resplendent in her splendor
in her aroma of cloistered death.

Anne Frank, María del Carmen, Sonia de las Mercedes,
Cecilia Gabriela, they all wake me up at night
to ask me
not to forget them.

Podríamos haber sido ella

Podríamos haber sido ella
o tal vez ¿era yo
ella?
nacidas en el més de los peces
treinta y dos años de inocencia
y de terror.
Judías desnudas perseguidas
podriámos haber sido todas
nosotras ellas?

Vendadas en celdas de suspiros y demencias
plasmadas por el olor a heridas
a jadeos en la oscuridad de
una noche que gime.

Me podrían haber cortado mis pechos
y con la sangre construir un trofeo
de fuegos calcinados.

Me podrían haber cortado
mi cabello
amordazar mis visiones.

Me salvé.
sobreviví.

Esta vez no vinieron por mí
aunque con zapatillas los esperaba.

Yo ya no tengo respuestas
pude ser ella
esa Alicia vendada abierta y calada.

No fui
pero tal vez sí fui ella

Y ahora ¿vendrán por tí
en las noches de los huesos que brillan?

Could we have been her

Could we have been her
or perhaps I was
her?
Born in the month of the fish
thirty-two years of innocence
and terror.
Naked persecuted Jewish women
could all of us have been
them?

Blindfolded in cells of sighs and dementia
molded by the odor of wounds
gasping in the darkness of
a night that howls

They could have cut off my breasts
and used the blood to make a trophy
of calcined fires.

They could have cut off
my hair
muzzled my visions.

I saved myself.
survived.

This time they didn't come for me
although, wearing my slippers, I waited for them.

Now I have no answers
I could be her
that Alicia blindfolded laid open torn apart.

I wasn't
but then perhaps I was her

And now will they come for you
on a night of glittering bones?

LA DESAPARECIDA I

Soy la desaparecida,
en un país anochecido,
sellado por los
iracundos anaqueles
de los desmemoriados.
¿Aún no me ves?
¿Aún no me oyes
en esos peregrinajes
por las humareadas
del espanto?
Mírame,
noches, dias, mañanas insondables,
cántame
para que nadie me
amenaze
llámame
para recuperar
el nombre,
los sonidos,
la espesura de la piel
nombrándome.

No conspires con
el olvido,
derriba al silencio.
Quiero ser
la aparecida
y entre los laberintos
regresar, volver
nombrarme.
Nómbrame.

DISAPPEARED WOMAN I

I am the disappeared woman,
in a country grown dark,
silenced by the
wrathful cubbyholes
of those with no memory.
You still don't see me?
You still don't hear me
in those peregrinations
through the dense smoke
of terror?
Look at me,
nights, days, soundless tomorrows
sing me
so that no one may
threaten me
call me
to give me back
name,
sounds,
a covering of skin
by naming me.

Don't conspire with
oblivion,
tear down the silence.
I want to be
the appeared woman
from among the labyrinths
come back, return
name myself.
Call my name.

LA DESAPARECIDA II

Y ahora que todos
desaparecieron
como chales malheridos
¿a quién buscarán
los verdugos?
¿qué haremos con
los torturadores
que pasean
con las
manos chamusqueadas
de sangre añeja?

DISAPPEARED WOMAN II

Now with everybody
disappeared
like mutilated shawls
whom will they search for
the executioners?
And what will we do with
the torturers
who walk about,
their hands
charred
by moldering blood?

LA DESAPARECIDA III

Encontrarla,
          hallarla,
tenerla
aunque sea su cuerpo
una fábula mutilada,
un equinoccio de
heridas como leyendas.

Encontrarla.
Sentir su aliento.
Imaginarla.
Lejos de funerales e
infiernos.

Sujetarla
para enterrarla
como Dios manda
con su nombre apegado
a la greda
con flores
para su santo.

DISAPPEARED WOMAN III

Find her,
         uncover her,
hold her
even though her body be
a mutilated fable,
an equinox of
wounds like legends.

Find her.
Feel her breath.
Imagine her.
Far from funerals and
infernos.

Bind her
to bury her
as God commands
with her name attached
to the clay
with flowers
on her Saint's Day.

LA DESAPARECIDA IV

La sueño a orillas del camino,
a orillas de un mar intermitente.
Lleva piedras sin inscripciones
bajo su manta de cielo,
y su pelo coagulado
abandonó la miel de
antiguos presagios.

Viene entre sus chales de
sol y sombra,
lleva golondrinas en
sus bolsillos
y migas violetas
como faros,
iluminando
el sendero
de sus antepasados.

La sueño entre mis tinieblas
llena de la vida,
los espectros de la mala muerte
revolotean,
como los monstruos, los captores,
pero yo la oigo
y en los umbrales
la abrazo.

DISAPPEARED WOMAN IV

I dream her by roadsides
by the shores of an intermittent sea.
She carries stones with no inscriptions
beneath her cloak of sky
and her clotted hair
has left behind the sweetness of
ancient omens.

She comes wrapped in shawls of
sun and shadow,
carrying swallows in
her pockets
and violet-colored crumbs
like beacons
illuminating
the path
of her ancestors.

During my dark hours I dream her
full of life
specters of evil death
are fluttering round her,
like the monsters, the captors,
but I hear her
and on thresholds
I embrace her.

LA DESAPARECIDA V

Yo no tuve testigos
para mi muerte.
Nadie elaboró sacrilegios y epitafios.
Nadie se acercó
para una despedida
oscurecida.

A mi entierro,
no se pudo asistir
porque el silencio de la incertidumbre
cubrió un cuerpo desvanecido, des-encontrado
asomándose pérfido entre las neblinas.

Las autoridades,
me han desmentido.
No aparezco en los huesudos murmullos de la morgue,
No existo en los cardexes
nadie me vió alejarme trastocada de mi país.
Nadie plantó nombres bajo mis plantas.

Soy una extraviada,
una mano fugándose y maldecida.
Soy de lluvia y de granadas
y cuando me nombran me
aparezco
porque a mi entierro
nunca fui.

DISAPPEARED WOMAN V

I had no witnesses
to my death.
Nobody carried out rituals, wrote epitaphs.
Nobody came near
for a veiled
farewell.

No one could come
to my burial
because the silence of uncertainty
covered a body disappeared, dis-encountered
rising up treacherous amid the mists.

The authorities
have concealed me.
I do not appear among the morgue's murmuring bones,
I don't exist in the Cardex files
nobody saw me transmuted leaving my country.
Nobody put numbers on the soles of my feet.

I am a stray,
a hand fleeing and accursed.
I am made of rain and grenades
and when they call my name
I will appear
because I never went to my
own funeral.

LA DESAPARECIDA VI

Madre mía
sé que me llamas
y que tus yemas
cubren esas heridas, abiertas
muertas y resucitadas
una y otra vez.

II.
Cuando vendada
me llevan a los
cuartos del
delirio.
Es tu voz
nueva,
iluminada,
que oigo
tras los golpes
desangrados
como los árboles
de un
patio de
verdugos.

Madre mía
yo duermo entre
tus brazos
y me asusto
ante los puñales
pero
tu me recoges
desde un fondo
lleno de dagas y serpientes.

DISAPPEARED WOMAN VI

Mother
I know you are calling me
and that your fingertips
are covering those wounds, open
dead and re-opened
over and over again.

II.
When I am blindfolded
they carry me to the
rooms of
delirium.
It is your voice
new,
luminous,
that I hear
after the bloodletting
blows
like trees
in a
patio of
assassins.

Mother
I sleep in
your arms
and feel frightened
by the knives
but
you gather me up
from the abyss
filled with daggers and serpents.

MEMORIAL DE LAS LOCAS EN LA PLAZA DE MAYO
—A la memoria de Marta Traba

No hay nada aquí,
la plaza, en silencios,
diminuta, azulada,
entre los cirios que se despliegan
como ajenos bultos
revolcándose,
encima de las piedras.

¿Hay alguien aquí?
Comienzan las peregrinaciones de las transparentes,
las procesiones,
las palabras de las ilusas,
son, dicen,
las locas de la Plaza de Mayo,
en busca de ojos,
de manos tibias,
en busca de un cuerpo,
de tus labios para jamás poseerte
para siempre llamarte
amado.

Agrietadas, enjutas,
orando,
gritando de rabia,
preguntando
encima de los bultos
más allá de los ecos,
las locas,
en Buenos Aires, El Salvador,
en Treblinka
quieren saber,
necesitan saber,
¿dónde están los hijos de los diecisiete?
¿los padres-esposos?
¿los novios de las más niñas?
¿acaso son los arrojados al río maloliente de los justos?

REMEMBERING THE MADWOMEN OF THE PLAZA DE MAYO
— Written in memory of Marta Traba

There is nothing here,
the plaza, silent,
small, blue,
in the center of candles that fan out
like alien shapes
circling
over the stones.

Is there anyone here?
It begins, the pilgrimage of the invisible ones
the procession,
the words of the deluded women,
they are, it is said,
the madwomen of the Plaza de Mayo,
searching for eyes,
for warm hands,
searching for a body,
for your lips not to possess you
but so I can always call you
beloved.

Wrinkled, skeletal,
praying,
screaming in rage,
questioning
above the shapes
beyond the echoes,
the madwomen,
in Buenos Aires, in El Salvador,
in Treblinka
want to know,
have to know,
where are their seventeen-year-old sons?
their husbands, fathers of their children?
the boyfriends of the youngest girls?
were they perhaps thrown into the fetid river of their judges?

Se acercan,
míralas como vuelan las brujas de la verdad
míralas como la lluvia arrastra sus lánguidos y demenciales cabellos,
mírales los pies, tan pequeños para arrastrar el dolor del abandono, el
     dolor de la indiferencia.

Las locas,
amarrando la fotografía demolida, arrugada, borroneada, vacía de la
     memoria incierta
la fotografía cautiva
¿por quién? ¿para quién?
mira el silencio en la plaza de las Locas, mira como la tierra se esconde,
se enmudece,
se revuelca como una muerta herida que sólo
quiere descansar,
y es solo silencio quien acude a oirlas,
es el silencio
de la plaza
quien oye
las fotografías
de los olvidados
presentes.

They come near,
look at them how they flutter, the witches of truth
look at them how the rain plasters down their listless and demented hair
look at their feet, how small they are to bear the pain of abandonment,
the pain of indifference.

The madwomen,
holding fast to a photograph, tattered, wrinkled, faded,
empty of uncertain memory
captive photograph
by whom? for whom?
look at the silence in the plaza of the madwomen, look how the earth
    scurries to hide
tires,
falls back like one mortally wounded who only
wishes for rest,
and so it is only silence that comes to hear them
it is the silence
of the plaza
that listens to the
photographs
of the forgotten ones
here present.

DELANTALES DE HUMO

Abismada y llena de pesadumbres
aladas,
la sangre se extiende,
danza y recorre el
delantal de humo,
se traslada hasta el
comienzo de mis
piernas y
enloquecida no me obedece,
sólo rueda destemplada
invade los colores
de mi piel
me trastorna de
carmesí . . .
y entre el pavor del silencio,
entre la lejanía del
espanto,
se apodera de mis muertos y de mis vivos
marchita se despide
robándome a un niño
muerto
perdido entre los coágulos de mareas envenenadas.

APRONS OF SMOKE

Somber and full of winged
nightmares,
blood spreads out,
dances and overruns the
apron of smoke,
moves to the
edge of my legs and
maddened does not obey me,
but flows untimely
invades the colors
of my skin
deranges me with
crimson . . .
and between the horror of silence
the distance of
terror,
takes possession of my dead and my living ones
faded takes leave
robbing me of a child
dead
lost among clots of venomous tides.

DESNUDAS EN LOS BOSQUES DE ALAMBRE

I.
A veces me disfrazaba de sacerdotiza, dando saltos por el aire.
A veces visitábamos prostíbulos y lavábamos sus paredes con hojas de
rosa cabriza.
A veces jugamos a mirarnos, a ver las olas en la brisa.
La verdad era incierta. Las sirenas de las alarmas estables, seguras.
Entonces tu y yo nos queríamos con una especie de perversa y censurada
locura. Gozaba en desnudarte, enredarte en una bufanda de lana picante,
morder las diminutas y sinceras uñas, llenar tu espalda de miel, dejar que
las estaciones, los osos, limpien las desjuiciadas heridas del amor.
—Tu esperabas el momento preciso para cortar mi cabello de princesa rusa;
teñirlo de algas venenosas que conservabas a la orilla de tus pies. A
veces, me golpeabas las manos, ceremonioso, como un anciano
languideciendo.
Yo desmayada fingía soñar en tus cabellos y tu entrabas desfrenado por
las líneas de mis palmas.
Como un mago seguro, espléndido en las caricias, decías: No te salvarás
hasta que nos desnudemos y exploremos las manchas oscuras del
cielo razo.

II.
Nos queríamos entre los indicios y los gestos, entre las uvas de la
medianoche y las ropas amontonadas en esa casa deshabitada. Dudosos entre
las palabras nos llamábamos en secreto con frenesí de delicada
pornografía.
Dejó de ser todo. Todas las promesas entre las orejas y las señales
abiertas de los labios cuando me dijiste: Desnúdate judía ya ahora,
rápido, ya desnúdate, ya tendrás plata para hacerte el remedio.

III.
En la ilusoria tibieza del cuarto, entre los girasoles y las mantas de lana,
sobre las sábanas envestidas de mareas, llegaron por las murallas,
asediaron los inmensos espacios, se alzaron por el volcán de leños, las
desnudas judías de los bosques espesos en Dachau, Treblinka, Baden-Baden,
las desvalidas judías en la neblina humeante. Desveladas por un bosque de
arios reptiles olfateando los pechos, las nalgas. El cuerpo de una judía
destilada por los bosques de alambre.

NAKED GIRLS IN THE FORESTS OF BARBED WIRE

I.
At times I dressed up as a priestess, and went leaping through the air.
At times we visited houses of prostitution and washed the walls with
    coppery leaves.
At times we played games of staring at one another, of seeing waves in the
breezes.
Truth was uncertain. The sirens of the alarms stable, secure. Then you and
I loved each other with a kind of perverse and censorious madness. I loved
to take off your clothes, wrap you in a prickly woolen shawl, nibble your
tiny and sincere nails, spread honey over your shoulder and let the seasons,
the bears clean the unthinking wounds of love.
—You waited for the precise moment to shear my hair of a Russian
princess; to stain it with the venomous seaweed you always kept at the
shore of your feet. At times you would slap my hands ceremoniously like a
courtly old gentleman. I trancelike would pretend to sleep in your hair,
and you would burst wantonly through the lines of my palms.
Like a confident sorcerer, splendid in caresses, you said: You can't escape
until we take off our clothes and explore all the dark splotches of the
ceiling.

II.
We loved each other with signs and gestures, amid grapes at midnight and
piled up clothes in that uninhabited house. Not trusting words we called
out to each other covertly, in a frenzy of delicate pornography.
Suddenly it all ceased to be. All the promises between the ears and the
clear language of the lips when you said to me: Strip naked Jew girl right
now, quick, strip naked hurry, you'll be taken care of if anything happens.

III.
Streaming into the illusory warmth of the room they come, drift among the
sunflowers and the woolen covers, hover over the sheets blest with sea
breezes, invade through the walls, besiege the immense space, erupt through
the volcano of tree trunks, the naked Jewish girls from the thick forests of
Dachau, Treblinka, Baden-Baden, defenseless Jewish girls coming through the
smoky fog. Defenseless before a forest of Aryan serpents slithering over
breasts, buttocks. The body of one Jewish girl distilled from the forests of
barbed wire.

IV.
Judías desnudas,
indefinidas, en silencio
judías dando gritos de fe a hurtadillas, cerrando piernas, labios con la
dignidad melenaria de los ilusos,
estatuas de humo apresuradas hacia las duchas de gas azul, duchas oscuras
con sabor a viñedos enfermizos.

V.
judías desnudas
sobrevivientes, desaparecidas gravitando entre tus rodillas, regresando por
el bosque de los alambres. Retornando al cuarto de los hallazgos
demenciales, plasmado de ratas crepitando en una hoguera, bañada en la
muerte oscura, precisa. Tu pareces que crepitas en ese fuego, minetras los
verdugos se cubren de premeditadas sonrisas para observar un cuerpo
escencial: una desnuda mujer judía, dormida con un tatuaje entre sus
piernas.

VI.
Era cierto que tal vez nunca nos supimos mirar.

IV.
naked Jewish girls
nameless, silent
Jewish girls contriving to call out words of faith, closing legs and lips
with the ancient dignity of the innocent,
statues of smoke harried into showers of blue gas, black showers with the
taste of sickly vineyards.

V.
naked Jewish girls
the survivors, the vanished ones sinking down heavily between your knees,
come back from the forests of barbed wire. Come back to the place of
demented discoveries, machination of rats, crackling bonfire, bathed in
death, black, exact. You too seem to crackle in that fire, while the
hangmen paste premeditated smiles on their faces the better to see an
elemental body: a naked Jewish woman asleep, tattoo between the legs.

VI.
Clear that never had we known how to see ourselves.

LAS PIEZAS OSCURAS

La oscuridad se guarda
en las ranuras del miedo.
No distingo los ojos
que me miran.
¿a quién corresponde
la voz
que no me nombra
y transita sobre mis
palmas que sudan que
tiemblan
que ya no aman?

La oscuridad se
estrecha cada vez más
como un sollozo dolido,
soy una niña que
tiene miedo
y en esta oscuridad sólo
hay vendados y verdugos.

No he tratado de cooperar
con las tinieblas,
y por eso
me azotan,
me olvidan
y navego descuartizada
en la pieza oscura
lejana, borrosa, delirante.

THE DARK ROOMS

Darkness waits for me
in the interstices of fear.
I can't make out the eyes
looking at me.
who owns the
voice
that does not name me
and passes over my palms that sweat
and tremble
that no longer love?

The darkness tightens
more and more,
like a painful sob,
I am a child
afraid
and in this darkness only
blindfolds and hangmen exist.

I have not tried to cooperate
with the darkness,
and for that
they flog me
forget me
and I float disjointed
in the dark room
distant, blurred, delirious.

¿COMO VE UNA PRISIONERA A LA LUZ?

La prisionera en el umbral
sueña con la luz
la insinúa rodeándola
entre los nombres y las
claridades que
traspasan colores.
Juega con la luz
insaciable, matinal y colorida
mientras despierta a
los que se aman
reclamando la memoria
de las hogueras.

Ella pide un trozo de luz
reclama la luz para
no olvidar las manos extendidas
abiertas libres de insomnios y crímenes
la luz para desmadejarse, unirse a sus cabellos
a la textura de sus brazos agrietados.

La prisionera en el umbral
sueña con la luz
y ensombrecida entre las vendas
y oscurecida en las celdas cómplices
silba por la luz
inventa un trozo de oro
entre los quejidos.

HOW DOES AN IMPRISONED WOMAN SEE THE LIGHT?

The imprisoned woman on the threshold
dreams of the light
senses it surrounding her
along with names and
clearings that
go beyond colors.
She plays with the light
insatiable, morning-like and many-colored
while rousing
those who love one another
calling up a memory
of bonfires.

She asks for a sliver of light
demands light so as
not to forget hands extended
open free of sleeplessness and crimes
light to become languid, to mingle with her hair
the texture of her fissured arms.

The prisoner on the threshold
dreams of the light
and sombered among blindfolds
obscured in complicitious cells
she summons up the light
invents a sliver of gold
in the midst of laments.

LA PRISIONERA Y LA LUZ I

La luz como debil rehén,
se alza rojiza, espectacular,
nocturna tras los orificios
delgados de una ciudadela
sin mar.

Desde las recámaras,
donde se ofician
ceremonias de magia negra,
y el amor es un feto solopado entre
las llanuras,
la luz se me acerca,
trepa hasta mi cuello
y en sus caricias
me voy haciendo un solo espejo entre los espejos
de la muerte.

Ausente me palpo,
ya nadie late dentro de mí,
no tengo rostros ni escrituras.
Comienzo a reconocerme dentro de esta
ausencia deforme
como un árbol estancado ocluto entre verdes falsos.

La luz persiste en
enseñarme, a ver desde esos ojos
prohibidos, desde esa venda sajada y sucia de tiempos y cristales
solos.

THE CAPTIVE WOMAN AND THE LIGHT I

The light like a feeble hostage
rises rosy, spectacular,
nocturnal behind narrow
breaches of a fortress
without a sea.

From the cots
where ceremonies of
black magic take place
and love is a furtive fetus between
the flatness,
the light approaches me,
creeps to my throat
and in its caresses
I turn into a lone mirror among the mirrors
of death.

Absently I feel myself,
now nobody throbs inside me,
I possess neither faces nor writings.
I begin to recognize myself within this
ill-formed absence,
like a stunted tree hidden among false greens.

The light persists in
teaching me to see from those forbidden
eyes, from the blindfold slashed and sullied from lonely times and
prisms.

LA PRISIONERA Y LA LUZ II

Soy una sombra visitada
entre los colores
desaparecidos.
Soy un crepúsculo
que borra mis huesos
desalmados.

La luz me pide que la
quiera
y comienzo a estirar mis ojos en el umbral de los quejidos,
me destapo,
magentas, amarillos, rosas, rosados
me visten en un solo enjambre de
vestidos sanos,

Comienzo a ser y ver colores,
la sombra deja de cubrirme,
y grandes tajadas de amarillos
laten entre mis dedos
y grandes tules de púrpuras visiones
me rodean.

El sol se asemeja a un gran durazno alucinado,
piso cuidadosamente la luz entre el umbral y un pasado
agazapado.
La luz me invade perteneciéndome
y el sol me convida su piel de fiestas
comienzo a mirar
aprendo a verme

THE CAPTIVE WOMAN AND THE LIGHT II

I am a shadow visiting
among disappeared
colors.
I am a dawn
erasing my soulless
bones.

The light asks me to
love her
and I begin to move my eyes on the threshold of laments,
I throw off the cover,
magentas, yellows, pinks, rosiness
clothe me in a single host of
healthy clothes,

I begin to be and to see colors,
the shadow no longer covers me,
and thick slabs of yellow
pulse between my fingers
and great webs of purple visions
surround me.

The sun resembles an enormous raving peach,
I step carefully on the light between the doorsill and a past
in ambush.
The light invades me belongs to me
and the sun offers me its festive skin
I begin to look
I learn to see myself

PUPILAS

La luz desbordada y melódica
franquea los corredores de
mis pupilas selladas.
Imagino verdores, la espesura
del mar abierto, noble en su
excelsa profundidad.
Invento escamas y peces
vahos y espumas
de buenos vientos.

II.
Te busco entre las
desformidades.
Fabrico tus manos de harina,
juego que jugamos a deslizarnos
entre las arenas, entre los
relojes del tiempo ingrato.

Yo vendada te reconozco,
oigo entre las vendas sombrías
que me llamas,
y es tu voz
una zona de muertes
una llaga que anida
entre las tristezas.

PUPILS

Light overflowing and melodious
breaches the corridors of
my sealed pupils.
I conjure up greens, the generous
open sea, noble in its
sublime depths.
I invent scales and fish
mist and spume
of fair winds.

II.
I look for you among the
misshapen.
I fabricate your hands fine as flour,
play that we are playing at slipping away
across the sands, eluding the
clocks of a bitter time.

Blindfold or not I recognize you,
among the shadowy masks I hear
you calling me,
and your voice is
a zone of deaths
a wound that makes its nest
amid the sadness.

LOS OJOS DE LOS ENTERRADOS

Los ojos de los enterrados,
como en una lejanía inquieta,
nos amenazan
ollélos, oyéme.

El que sobrevive,
en letanías de
memorias prestadas
se estremece, se verifica
porque tan sólo los muertos-moribundos
transfigurados por los sabores del olvido
pueden aparecer,
cautivándonos en esa memoria-mirada que acecha.

Ahí estás Ana Frank,
entre inocente y pérfida
comiéndonos mientras te miramos.
Tú eres los ojos de los enterrados.
Y nos devuelves esa mirada
cadavérica o diabólica.

Ahí estás Milena tan abandonada con la estrella de David cubriéndote
como látigo o promesa.

Ahí estás Lila Valdenegro. Desaparecida. Carnet 353, olvidada en la
memoria que no desmiente.
Los ojos de los enterrados
nos acusan
se acusan,
escribo, me miran
y me atraviesan
las ausencias.

THE EYES OF THE INTERRED

The eyes of the interred,
as in a restless distance,
threaten us
listen to them, listen to me.

The survivor,
in litanies of
borrowed memories
trembles, inspects himself
because only the dead-dying
transfigured by the savors of oblivion
may appear,
capturing us in that backglance-foreglimpse lying in wait.

There you are Anne Frank,
between innocent and devious
devouring us as we look at you.
You are the eyes of the interred.
And you send us back that glance
cadaverous or diabolical.

There you are Milena so abandoned with the star of David covering you
like a lash or promise.

There you are Lila Valdenegro. Disappeared. I.D. number 353, forgotten
in a memory that does not deny.
The eyes of the interred
accuse us,
accuse themselves,
I write, they watch me
and the absences
transfix me.

¿QUE HAY EN EL FONDO DE TUS OJOS?

— Para Guillermo Núñez

¿Qué hay en el fondo
de tus ojos?
¿Cuándo te vendan?
¿Cuándo la luz es una trenza de pájaros amorfos?

En el fondo de tus ojos,
la duermevela,
el sol cómplice y generoso,
la ondulación del aire,
las estaciones itinerantes,
el amarillo colorido resguardándose
en las aceras azules.

En el fondo de tus ojos,
el mar, los rios transformados en
caricias
en redondeces de niños vivos.

En el fondo de tus ojos,
mientras la oscuridad transcurre por sus contornos,
y la venda es una incierta enfermera manca,
estás tú
porque eres de luz
porque eres una encendida mariposa en los espejos.

WHAT LIES IN THE DEPTHS OF YOUR EYES?
— For Guillermo Núñez

What lies in the depths
of your eyes?
When they blindfold you?
When the light is a braid of amorphous birds?

In the depths of your eyes,
half-sleep,
complicitous and generous sun,
undulating air,
wandering seasons,
yellows sheltering
in blue facades.

In the depths of your eyes,
the sea, rivers transformed into
caresses
into the roundness of living children.

In the depths of your eyes,
while darkness courses over their contours,
and blindfold is a dubious maimed nurse,
you are there
because you are made of light
because you are a butterfly luminous in the mirrors.

DESDE LA CELDA PERFILO EL RASTRO

Anochecida perfilo rastros:
la memoria como una crónica
destemplada
me acaricia y entre las
sombras, inventa una guirnalda
con el nombre de los bienamados.

Los huéspedes de mi celda sonríen
y mi madre ensangrentada me
revuelve los cabellos
en una ofrenda de duendes y magas.

Inútil encarcelada,
no me canso en llarmarlos
y la voz se desata entre los
huesos de mi piel.

Anochecida, anochece.
No hay luces ni dias
en mi celda.
Nadie me reconoce en esta lejanía,
pero ellos, los huéspedes
no me olvidan
y en sus gestos
soy.

FROM THE CELL I OUTLINE THE TRACE

Darkened I outline traces:
memory like an out-of-tune
chronicle
caresses me and amid the
shadows, concocts a garland
of the names of my loved ones.

Visitors to my cell smile at me
and my mother all bloody
ruffles my hair
in an offering of spirits and sorcery.

Useless imprisonment,
I don't grow tired calling them
and my voice breaks loose between the
bones of my skin.

Darkened, I grow dark.
There are neither lights nor days
in my cell.
Nobody recognizes me in this desolation,
but they, the visitors
don't forget me
in their gestures
I exist.

ENTRE LOS PINOS

Una luz ahorcada atraviesa los pinos. La niebla desfigurada con sus alfombras de brumas se desliza entre las hiedras rasuradas. Alguien, ilumina las lámparas del aire frío. Alguien anda buscándome para ahorcarme entre los prismas de la luz.

La luz como una ahorcada en medias de sedas y musgo, me vigila. Sueño que me ahorcan. Me ahorcan porque sueño. Mi cabeza es una orgía desparramada para los ojos de los enterrados.

Yo no tengo miedo. Conozco al que ahorca. Bajo un extraño gozo, lo espero. Pero alguien me desliza, me trepa alejándome fuera de esta vigilia.

El olor de pinos se encuentra. El encierro me aleja de las ternuras. Y el olor de la ahorcada se arrastra bajo el hundido pavimento.

AMONG THE PINES

A gallows light traverses the pines. The disfigured fog with its brumous carpets slips over the close-cut ivy. Someone lights the lamps of the cold air. Someone goes in search of me to hang me among the prisms of the light.

The light like a hanged woman in stockings of silk and moss watches me. I dream they hang me. They hang me because I dream. My head is an orgy spread for the eyes of the interred.

I am not afraid. I know who does the hanging. Feeling a strange pleasure, I await him. But someone slips me away, lifts me takes me far from this vigil.

The smell of pines is present. The enclosure severs me from all tenderness. And the odor of the hanged woman drags itself along beneath the sunken paving stones.

La sangre es un nido

La sangre es un nido de plumas,
adornando la invalidez de las
sábanas.
Yo sobreviví.
No tengo respuestas.
Las preguntas quedaron
en mi huida.

The blood is a nest

The blood is a nest of feathers
adorning the nullity of the
sheets.
I survived.
I have no answers.
The questions stayed behind
in my flight.

Más que la paz

Más que la paz
o la alegría
pido un colchón
de hojas
de otoño
para reposar
entre la sombra
inventar solsticios
coloridos
transfigurarme en esa suave
manta de hojas secas
amarillas
siempre vivas.

No quiero nombres
ni tumbas
para mis muertos
ni compartir cementerios
con huesos
extraviados
sólo denme
mi colchón
de hojas
sólo déjenme
regresar a mis
bosques.

More than peace

More than peace
or joy
I ask for a pillow
of autumn
leaves
in order to rest
among the shadows
to invent solstices
of many colors
transform myself in that smooth
mantle of dry leaves
yellow
ever lasting.

I want neither names
nor tombs
for my deaths
nor to share cemeteries
with bones
gone astray
just give me
my pillow
of leaves
just let me
go back to my
forests.

Nos acogió

Nos acogió
la claridad
formando una
sonrisa en
el claro
del bosque.

Tu cabeza
como una colina
se rodeó de
pétalos.
Te rociaron de lluvia.

Ya nadie nos podría detener
en las travesías sedosas como
labios esparciendo decires,
porque rodó la luz
como una ronda
de niños
como unas voces
de girasoles.

Todo, hondo y bello
y el claro de la
luz
alumbrándonos.

We were met

We were met by
a clarity
forming a
smile in
a clearing
of the woods.

Your head
like a hill
was ringed with
petals.
They sprinkled you with rain.

Now nobody could hold us back
in crossings silky as
lips scattering sayings,
because the light rolled
like a child's
hoop
like the speech
of sunflowers.

All, deep and beautiful
and the clear
light
bringing us to light.

DUE DATE

			Printed in USA